A Mei Mei, mi ángel   —M. M.

A quienes escogen seguir sus sueños y hacer del
mundo un mejor lugar. —J. R.

ATHENEUM BOOKS FOR YOUNG READERS • Un sello editorial de Simon & Schuster Children's Publishing
Division • 1230 Avenue of the Americas, New York, New York 10020 • © del texto: 2018, Michael James Mahin •
© de las illustraciones: 2018, Jose Ramirez • © de la traducción: 2021, Simon & Schuster, Inc. • Traducción de Alexis
Romay • Originalmente publicado en inglés como *When Angels Sing* • Todos los derechos reservados, incluido el derecho
de reproducción total o parcial en cualquier formato. • ATHENEUM BOOKS FOR YOUNG READERS es una marca
registrada de Simon & Schuster, Inc. • El logo de Atheneum es una marca registrada de Simon & Schuster, Inc. • Para pedir
información sobre descuentos especiales para compras al por mayor, por favor póngase en contacto con Simon & Schuster
Special Sales: 1-866-506-1949 o business@simonandschuster.com. • El Simon & Schuster Speakers Bureau puede llevar
a autores a su evento en vivo. Para obtener más información o para reservar a un autor, póngase en contacto con Simon
& Schuster Speakers Bureau: 1-866-248-3049 o visite nuestra página web: www.simonspeakers.com. • Diseño del libro:
Ann Bobco y Vikki Sheatsley • El texto de este libro usa la fuente Brandon Grotesque. • Las ilustraciones para este libro
fueron creadas con rotuladores acrílicos y de esmalte sobre lienzos. • Hecho en China • Primera edición en español • 0521
SCP • 10 9 8 7 6 5 4 3 2 1 • Los datos Cataloging-in-Publication se pueden adquirir de la Biblioteca del Congreso. • ISBN
978-1-5344-6216-8 (hc) • ISBN 978-1-5344-9477-0 (pbk) • ISBN 978-1-5344-6217-5 (eBook)

CUANDO LOS ÁNGELES CANTAN

La historia de la leyenda del rock Carlos Santana

MICHAEL MAHIN • ILUSTRADO POR JOSE RAMIREZ
TRADUCCIÓN DE ALEXIS ROMAY

Atheneum Books for Young Readers • Nueva York Londres Toronto Sídney Nueva Delhi

Cuando naciste, tu tía abuela te llamó *el cristalino*. Ella pensaba que la luz de los ángeles brillaba a través de ti.

Tu papá quería nombrarte Gerónimo, en honor al valiente apache que luchó por la libertad. Estaba orgulloso de su sangre mestiza.

Pero tu mamá, como siempre, tuvo la última palabra.

—Carlos.

Tu papá, al igual que tu abuelo antes de él, era un músico itinerante.

Lo echabas de menos cuando se iba. Echabas de menos el olor a jabón Maja en su piel y la sonrisa en sus ojos, pero más que nada echabas de menos el sonido de su violín.

Cuando tu papá estaba en casa, la gente se amontonaba en el parque con tal de oírlo tocar. Era un sonido que llenaba el mundo de magia y amor y sentimiento y curación. Era un sonido que hacía reales a los ángeles.

Tú también querías hacer reales a los ángeles.

1952

Primero probaste con el clarinete, pero el cosquilleante junco era demasiado para tu cosquillosa nariz. Luego probaste con el corneo, el instrumento de tu abuelo. Pero el sabor a latón era demasiado amargo para tus labios.

Por último, probaste con el violín. Lo arañaste y lo hiciste chillar tanto y practicaste tan duro que tus lágrimas mancharon su madera. Pero no cantaba para ti. No del modo en que cantaba para tu papá.

No había ángeles cuando tocabas. Al menos, todavía no.

Cuando sea lo suficientemente bueno, vendrán, pensaste.

Para ti, la vida en Autlán de Navarro era jugar a las escondidas con tus hermanos bajo el árbol de mezquite. Era el PLOP-PLOP de los mangos rojos y maduros, el CRU-CRU de la chachalaca y el BURBUJEO del pozole en la estufa.

En días especiales, era el dulce de biznaga, hecho de cactus, y el alfajor, unas galletas rellenas con cajeta.

Pero la vida sin agua y sin electricidad era dura. Y cuando el escozor de las picadas de las chinches y las pulgas fue demasiado, tu mamá lo vendió todo y te llevó a Tijuana.

1955

Tijuana no fue mucho mejor. Pues sí, había tamales frescos y chile relleno y pipián anaranjado y mole achocolatado, pero aun así, Colonia Libertad seguía siendo el gueto y tú seguías siendo muy pobre.

Poco tiempo después, te vestiste de charro y te pusiste a tocar tu violín por cincuenta centavos por canción.

—¡"La cucaracha"! ¡"Bésame mucho"! —decían.

Música para turistas, pensabas.

Pero era una manera de ganar dinero, así que tu padre te obligó a aprenderte más canciones. Mozart. Brahms. Polkas. Boleros. Música de gitanos.

—¡Tienes que ponerles corazón! —te decía.

Tú no podías.

Esta no es la música que mis ángeles quieren escuchar, pensaste. *Por eso es que no me cantan.*

1958

1960

Tu mamá sabía que te encantaba la música, aunque detestabas el violín. Un día, te llevó al parque del Palacio Municipal, con sus bulliciosos paseos peatonales y sus repiqueteantes carretillas.

Ya habías escuchado el blues antes, pero nunca habías visto
cómo se hacía esta música. Jamás habías visto a nadie tocar la
guitarra. Al menos no de ese modo.
Se te erizaron los pelos de los brazos.
¿El aliento de un ángel? pensaste.

Tú papá andaba de viaje como siempre, pero tu mamá le envió una carta. Luego de ahorrar suficiente dinero, te envió una guitarra. Estaba maltratada y magullada y era hermosa.

1961

Encontraste una radio vieja, tomaste tu guitarra y tocaste al compás en el oscuro cuarto de los trastos porque era el único lugar tranquilo en la casa. Cerraste los ojos y dejaste que tus oidos te guiaran, y te enseñaste a seguir el TUMBAO del piano y los BRINCOS del bajo y el BAMBOLEO del saxofón y, lo más importante, el RITMO de la guitarra.

Recogiste los ingredientes y adobaste tu alma en ellos y aprendiste que tocar blues no tenía que ver con el color de tu piel ni con la parte del pueblo de la que venías. Tenía que ver con sentir la música.

No le pusiste el corazón, como tu papá te había dicho. En vez de eso, dejaste que la música pusiera su corazón dentro de ti.

Tu familia se volvió a mudar. Te gustó tu nueva casa en San Francisco. Te gustó el agua corriente y la electricidad. Pero montar el autobús e ir a la escuela y hacer amistades era difícil. Especialmente porque tú no hablabas inglés.

Decían: "¿Car antenna?".

Y tú decías: "No. Car...los San...tana".

Te llamaban *comechile* y te daban exámenes que no podías leer. Y te hicieron repetir un año porque pensaban que eras tonto.

1963

Así que te escapaste bien lejos. De vuelta a Tijuana. Tan sólo tú y tu guitarra.

Mis ángeles vendrán, pensaste. *Y me dirán que soy lo suficientemente bueno.*

Miraste televisión y mejoraste tu inglés y aprendiste a respetar a una canción y su melodía.

Pero no vino ningún ángel y comenzaste a preguntarte si alguna vez lo harían.
Aun así, cuando tu familia vino a buscarte, no quisiste regresar a casa.

San Francisco era un desorden musical, como la rocola del Tick Tock Burgers en el que trabajabas. Lavabas los platos y limpiabas los pisos y creaste una banda de blues y escuchabas a Willie Bobo y a los Beatles y a B. B. King, mientras el olor a Clorox te quemaba las fosas nasales y trataba de blanquearte el alma. Pero no se lo ibas a permitir. Al igual que tu padre, tú estabas orgulloso de tu sangre mestiza.

1964

Tu hermano vivía en el Valle Central de California. Era un campesino que trabajaba la tierra. Como muchos trabajadores migrantes, sufrió bajo una cruel y aplastadora explotación hasta que César Chávez y Dolores Huerta comenzaron a resistirse. "¡Sí se puede!", decían. *Sí, se puede.*

Esto ayudó a tu hermano y, aunque tú no estabas ahí, también te ayudó a ti, en lo más profundo de tu alma.

Si ellos pueden, también puedo yo, pensaste.

Así que seguiste tocando. Y practicando. Y buscando tu sonido.

Un día fuiste al Parque Acuático. Las congas vibraban en tu pecho.

Había una magia en su ritmo. Un aliento. Una brisa. Un sentimiento. El despertar de algo que el mundo nunca antes había visto. Y este QUIMbara cum-BARA cumbaQUIN bamBÁ era el ritmo de su corazón.

A lo mejor esta es la música que hará cantar a mis ángeles, pensaste.

Así que tomaste el alma del blues y el cerebro del jazz y la energía del rocanrol. Y a todo eso, le añadiste el fuego lento de los tambores afrocubanos y el bamboleo con aroma de cilantro de la música con la que habías crecido.

1966

Había muchas bandas en San Francisco, pero ninguna tocaba de ese modo. Había una electricidad en el aire, y su nombre era la Santana Blues Band.

Poco después, todos sabían quién eras. Todos venían a verte. Todos, excepto tus ángeles.

¿Algún día seré lo suficientemente bueno?, te preguntabas.

De todos modos, ya te estabas poniendo demasiado viejo como para creer en ángeles.

PEACE
power to the people
freedom
love
STOP THE WAR
Vote
love not war
PEACE IN VIETNAM
PEACE NOW
flower
ower

A tu alrededor, la esperanzadora luz de la posibilidad comenzaba a brillar. Martin Luther King Jr. estaba cambiando el mundo, y jóvenes como tú también lo estaban haciendo. Tomaron sus corazones y los abrieron y los llenaron de color, haciendo del mundo un lugar mejor.

1968

Y entonces... la luz se apagó. *Él* ya no estaba.
En el fondo, las bombas de Vietnam sonaban cada
vez más alto. De pronto, pareció como si el odio y el
miedo hubieran cubierto al mundo en la oscuridad.

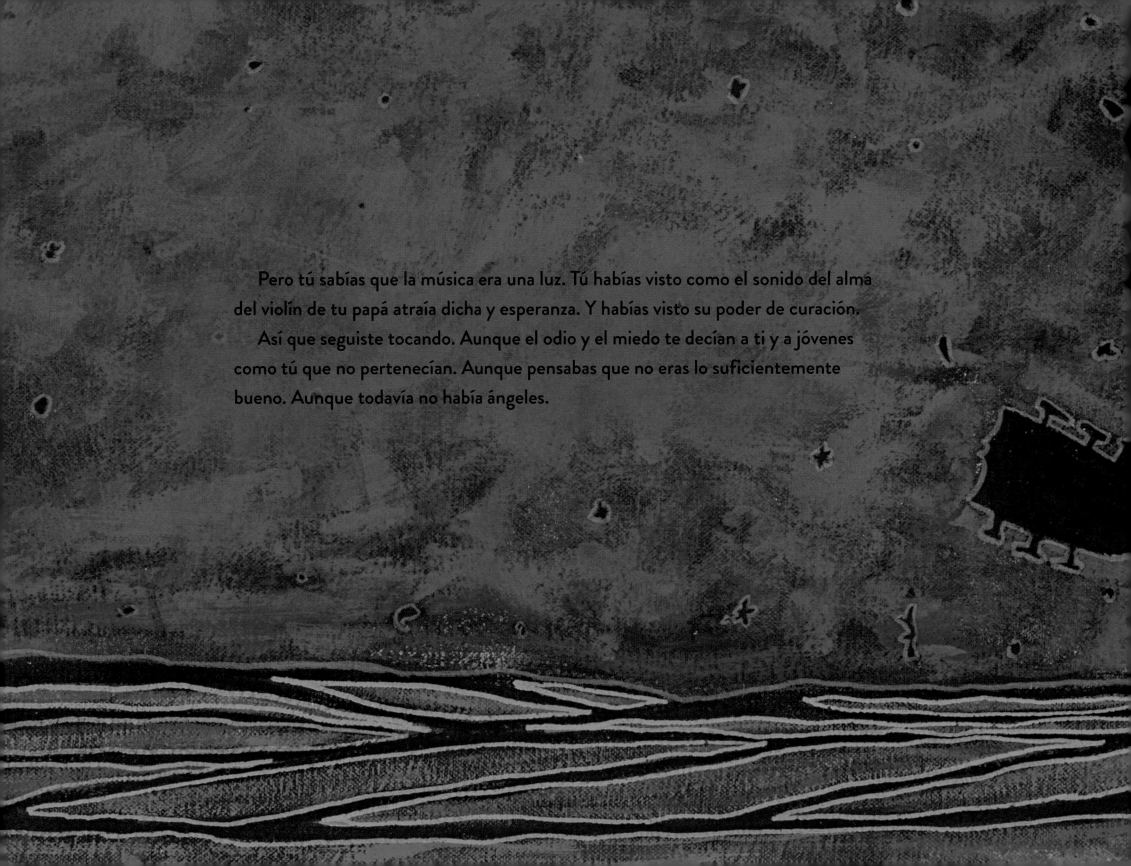

Pero tú sabías que la música era una luz. Tú habías visto como el sonido del alma del violín de tu papá atraía dicha y esperanza. Y habías visto su poder de curación.

Así que seguiste tocando. Aunque el odio y el miedo te decían a ti y a jóvenes como tú que no pertenecían. Aunque pensabas que no eras lo suficientemente bueno. Aunque todavía no había ángeles.

La Santana Blues Band era todo un acontecimiento en San Francisco. Pero allí en Nueva York, en el fangoso festival de música de Woodstock, eras un desconocido. Vacilante. Y asustado.

Pero ese día, frente a más de 400.000 personas que no conocías, de todos modos te subiste al escenario.

Miraste a la audiencia, a la espera de un milagro. A la espera de que algo te dijera que eras lo suficientemente bueno. A la espera de haber estado equivocado al dejar de creer en los ángeles. Pero no había ángeles por allá afuera. Nunca había habido ángeles por allá *afuera*. Y de repente supiste por qué.

Te subiste al escenario
y dejaste de buscar *afuera*
y empezaste a buscar *adentro*.
Y por fin escuchaste cantar a tus ángeles.

nota del autor

Inmediatamente después de la actuación en Woodstock que lanzaría su carrera, Carlos Santana se convirtió en una estrella de la música internacional.

Antes de que la "música del mundo" fuese un género musical, Santana fue el pionero de un sonido único que combinaba el blues, el rock y el jazz americanos con los sonidos y el sentir de la música de América Latina y de África. La banda de Santana, como su música, siempre ha sido multicultural.

A pesar de complicaciones de último minuto con los permisos y la lluvia y los desperfectos técnicos y de sonido y una multitud de otros problemas, el Woodstock Music and Art Fair fue un éxito rotundo. Con más de 400.000 espectadores y un montón de actuaciones de leyendas de la música como Jimi Hendrix, The Band, Sly & the Family Stone y Janis Joplin, todavía es un momento decisivo en la historia cultural y musical de los Estados Unidos. Hoy es considerado como la cumbre simbólica del movimiento contracultural de la década de los sesenta.

Poco después de Woodstock, la banda, que había cambiado su nombre a "Santana", sacó su primer álbum. Este álbum dio nacimiento al éxito de la canción "Evil Ways" y, con el tiempo, ganaría un disco de platino doble al vender más de dos millones de ejemplares. Treinta años después, en la premiación de los Grammy de 1999, el álbum de Santana titulado *Supernatural* fue nominado en nueve categorías, entre las que se incluyen Álbum del año, Grabación del año y Canción del año. Ganó en cada una de las categorías y empató el récord de mayor cantidad de Grammys recibidos en un mismo año.

En 2009, Santana recibió el Premio a la trayectoria artística de Billboard Latin Music Awards. Y, en 2013, fue invitado por el presidente Barack Obama a la Casa Blanca, en donde recibió uno de los más grandes honores que se le pueda otorgar a un artista en los Estados Unidos: el Kennedy Center Honor.

Carlos Santana cree que cada uno de nosotros lleva la chispa divina dentro y que cada uno, en su propio modo, tiene el poder de curar al mundo. Con esto en mente, Santana creó la Fundación Milagro para beneficiar a niños vulnerables alrededor del mundo mediante la financiación de becas a organizaciones con arraigo comunitario en las áreas de la educación, la salud y las artes.

bibliografía

Santana, Carlos, with Ashley Kahn and Hal Miller. *The Universal Tone: Bringing My Story to Light.* New York: Little, Brown, 2014.

Shapiro, Marc. *Carlos Santana: Back on Top.* New York, St. Martin's, 2002.

Leng, Simon. *Soul Sacrifice: The Santana Story.* Ontario: Firefly Publishing, 2001.

para escuchar más

Santana (Columbia, 1969)

Abraxas (Columbia, 1970)

Supernatural (Arista, 1999)

The Essential Santana (Sony, 2002)

Foto copyright © de Robert Knight Archive / GETTY IMAGES